LA VÉRITABLE

QUESTION GUYANAISE

JUSTIFIÉE

PAR

Gustave FRANCONIE

DÉPUTÉ

PARIS

IMPRIMERIE MODERNE, WATTIER DIRECTEUR

61, RUE JEAN-JACQUES-ROUSSEAU, 61

—

1880

LA VÉRITABLE

QUESTION GUYANAISE

JUSTIFIÉE

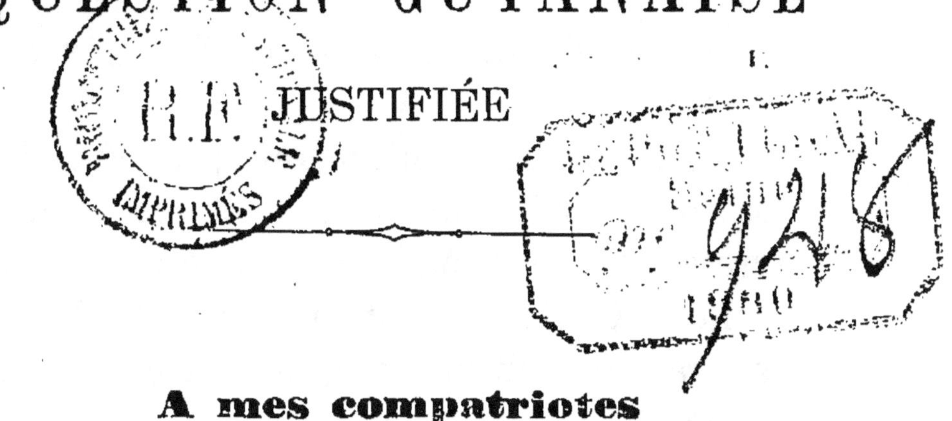

A mes compatriotes

Chers concitoyens et amis,

Lorsqu'au mois de septembre dernier je m'efforçais de vous indiquer la véritable question guyanaise et sa solution la plus rationnelle, je ne doutais aucunement de la vérité de mes appréciations et de mes conclusions.

Avant de parler, je m'étais livré à un long et solide examen. Avant d'affronter, par mes indications, le mécontentement probable d'une partie de nos concitoyens;

j'avais mûrement considéré et pesé toutes choses.

J'étais donc, je puis le dire, sûr de moi-même.

Mais ce que je n'espérais pas, vous le savez, c'était que mes théories, pour vraies qu'elles étaient, trouveraient un écho à Cayenne, soit auprès de l'administration, soit au sein de votre conseil général.

Les événements m'ont, paraît-il, donné tort. Je viens le reconnaître.

A peine avais-je déclaré que le premier pas vers une régénération complète de la Guyane devait être un accroissement immédiat de votre budget local, que votre gouverneur par intérim confirmait, le 10 novembre, cette déclaration, dans son discours d'ouverture du conseil général.

Qu'était-ce autre chose, en effet, que l'indication alors donnée par lui de taxes nouvelles à imposer à la colonie.

A peine avais-je déclaré que cet accroissement budgétaire devait provenir avant tout d'une imposition extraordinaire de l'industrie aurifère, que la direction de l'intérieur approuvait et méditait une première application partielle de cette conclusion.

Qu'était-ce autre chose, en effet, que l'augmentation de cinq à huit pour cent du droit de sortie sur l'or natif, présentée au conseil général et votée par lui ?

Eh bien ! chers concitoyens, je dis qu'il faut nous en applaudir. Pour vous, qui de la sorte entrez enfin et définitivement dans la voie du progrès, de votre épanouissement économique et moral ; pour moi-même qui, dans la circonstance, semble avoir vu un peu clair en vos affaires, et peux maintenant croire ne pas être pour vous un auxiliaire tout à fait inutile ou dangereux.

Mais si à cette glorification de nos idées, à ces félicitations mutuelles, devait se borner la communication que je me propose de vous faire aujourd'hui, ce serait peu vraiment, et vous auriez raison de ne vous en point contenter.

Un autre devoir s'impose : celui d'examiner avec vous dans quelles limites vos administrateurs ont cru pouvoir adopter les idées émises par moi ; comment ils en ont compris l'application ; de quelle façon ils ont entendu en faire l'essai ; enfin et par dessus tout, quel fruit vous devez attendre des moyens dont ils ont fait choix, en dehors de celui que j'avais indiqué.

Citoyens, de quoi s'agissait-il ?

D'augmenter votre budget de recettes, et cette nécessité était tellement impérieuse, que vous avez vu vos administrateurs la reconnaître du premier coup, la proclamer sans hésitation.

Mais comment devait se poursuivre cette augmentation budgétaire ? Telle était la question véritablement importante ?

S'agissait-il de recourir à n'importe quels moyens ? Devait-on s'adresser à n'importe quelles sources, frapper à n'importe quelles portes ?

Je ne l'avais pas pensé.

Sans tergiverser, j'avais dit comment, à mon avis, c'était à l'industrie aurifère qu'il fallait s'attaquer. Non point dans ses tâtonnements, dans ses essais et avant tout résultat, mais dans son produit même, par une forte, *très forte* élévation du droit de sortie sur l'or natif.

Cette opinion, je l'avais justifiée.

J'avais montré comment l'industrie aurifère, seule prospère aujourd'hui à la Guyane, devait plus que toute autre contribuer aux charges publiques ; comment, assurant en peu de temps d'énormes profits à ses bénéficiaires, elle pouvait être frappée sans inconvénient, sans risque d'aucun malaise public, sans préjudice pour les mineurs-capitalistes ; comment, ayant pour base le sol guyanais, votre indiscutable propriété collective, elle vous devait *très équitablement* une large part de ses produits, par l'impôt.

Tout cela, je le répète, je l'avais longuement expliqué et commenté.

D'où vient, dès lors, qu'en présence

de mes explications si nettes et si peu réfutables, vos administrateurs, adoptant mes prémisses, se soient montrés si réservés sur mes conclusions? D'où vient qu'ils aient été si timides à l'égard de l'industrie aurifère, et à peine aient osé y porter la main? D'où vient que, ayant devant eux une source de revenus si juridiquement attaquable, ils l'aient tant ménagée, pour prendre des mesures dont le moindre inconvénient sera de peser, comme par le passé, sur toute la population en général, déjà bien assez malheureuse?

Car, citoyens, si j'entends dire que le droit de sortie sur l'or natif a été élevé, j'entends aussi qu'il ne l'a été que de trois pour cent, et que, d'autre part, vous êtes menacés :

1º D'une augmentation des patentes ;

2º D'une élévation d'un tiers des droits d'entrée ;

3º De l'établissement possible d'octrois de mer ;

4° D'une augmentation de dix centimes sur le droit de consommation des spiritueux.

Etc...

Sans doute, pour suivre cette voie, vos administrateurs ont eu, je me plais à le croire, les meilleures raisons du monde, et ce ne sera pas une de nos moindres satisfactions de les leur entendre quelque jour exposer.

Aussi bien ne me convient-il pas encore ni de rechercher ces raisons, ni de les préjuger en aucune façon.

Mais ce dont je ne crois pas pouvoir me dispenser, c'est de vous faire toucher du doigt la différence capitale qu'il y a au fond entre le système que j'avais proposé et celui de vos administrateurs, bien qu'en apparence l'un et l'autre semblent tendre au même but.

Avec mon système, citoyens, c'est-à-dire avec l'élévation unique et parfaitement équitable, je l'affirme, du droit de sortie sur l'or, c'étaient les favorisés de la fortune, ceux qui possèdent et peuvent payer sans souffrir, qui auraient fait les frais d'augmentation de votre budget. La Guyane en aurait tiré grand et juste profit sans passer par aucune crise. Avec le système de vos administrateurs, au contraire, c'est vous-mêmes, malheureux prolétaires, qui allez continuer à payer, au grand détriment des faibles ressources particulières de chacun de vous.

En effet, chers concitoyens, qu'est-ce que les droits de patentes, d'entrée, d'octroi, de consommation, etc.?... Ce sont, vous le savez comme moi, des impôts que les négociants paient en bloc au Trésor sur toutes les marchandises qu'ils reçoivent et livrent ensuite à la consommation publique.

Mais ces impôts, croyez-vous que les négociants consentent à les payer de leur poche, sans les rattraper ensuite sur quelqu'un?

Pas le moins du monde.

A peine les ont-ils acquittés (et j'en

sais quelque chose, ayant été commerçant à Cayenne), qu'ils s'empressent de les répartir en détail sur le prix de chacune des marchandises frappées. Ce prix en est élevé d'autant; et, en fin de compte, c'est vous, consommateurs des marchandises qui, dès ce moment, achetant toutes choses plus cher, payez véritablement par le fait ces impôts.

C'est là ce que vous verrez inévitablement se produire, si demain vos administrateurs donnent suite aux mesures dont nous avons parlé plus haut.

Et alors, je le demande, quel bénéfice aurez-vous retiré de l'augmentation budgétaire?

Aucune, mais, au contraire, des souffrances nouvelles, une aggravation de la gêne et de la misère où vous êtes déjà. Bien vite vous vous apercevrez de l'insuffisance de vos ressources à vous assurer même le strict nécessaire.

Était-ce là, chers concitoyens, ce que j'entendais obtenir, lorsque, au mois de septembre, j'écrivais ma brochure : *La députation de la Guyane et la véritable question guyanaise?* Est-ce là ce qui se serait produit si l'on eût complètement suivi mon système.

Évidemment non.

Alors qu'en faut-il conclure? C'est que ce système, n'attaquant que ceux qui ont du superflu, un énorme superflu acquis au moyen de votre capital collectif, *la terre*, était seul bon et devait seul être suivi.

Citoyens, je vous en avais prévenu. Je vous avais dit que toute autre chose serait un leurre, un moyen de détourner votre attention. J'aurais pu ajouter : un moyen de vous accabler tout à fait.

Avais-je raison ?...

Sans doute, une ressource vous restera maintenant, je le sais : l'augmentation des salaires. En présence de la cherté nouvelle de la vie matérielle, vous pourrez dire à ceux qui auront besoin de vous et de vos bras :

« Puisque tout augmente, augmentez aussi le prix du travail. Donnez-nous à votre tour de quoi faire face aux exigences nouvelles de l'existence à laGuyane. »

Mais avez-vous compté sur toutes les résistances que sur ce terrain vous allez rencontrer ? Avez-vous prévu tous les obstacles insurmontables auxquels vous allez vous buter? Va-t-on vous écouter ? D'ailleurs, supposez que, pour vous décider à la patience, on vous fasse de maigres concessions, seront-elles sûrement une compensation suffisante à vos besoins nouveaux ?

Possible; mais avec ce que je sais de notre pays, permettez-moi de conserver quelques doutes.

Voilà, chers concitoyens, la vérité, la vérité tout entière, telle que j'ai pris envers moi-même l'engagement de la dire et la dirai toujours, malgré toutes attaques, provocations ou injures. Voilà comment, à la Guyane, on entend l'administration de vos affaires.

Reste maintenant à établir les responsabilités, et c'est ici le point intéressant.

A qui la faute, je vous prie, si les choses ont pris cette tournure et menacent d'avoir les conséquences que je prévois ?

Est-ce à votre conseil général qui a voté ou votera demain les mesures qui lui ont été ou seront présentées ?

Dans une certaine mesure, il n'y a pas de doute. Car si le plus souvent il est appelé à délibérer sur des projets préparés d'avance par la direction de l'intérieur, lui aussi cependant doit avoir parfois une initiative, rechercher ce qui semble le plus favorable aux intérêts généraux du pays, discuter, critiquer et rejeter les vues du gouvernement.

Il a donc failli dans la circonstance pour n'avoir pas vu les inconvénients des propositions du gouvernement, et ne les avoir pas combattues et repoussées.

Mais qui ne voit que la plus grande part de responsabilité revient encore à ce gouvernement lui-même et à ses agents ?

En effet, représentant du pouvoir central dans la colonie, ayant par là mission de rechercher toujours et quand même les meilleurs moyens de colonisation, en toute indépendance et sans préoccupations, c'était à lui surtout qu'incombait le devoir de soumettre les meilleures mesures à prendre à votre conseil.

Il ne l'a point fait; il n'a pas osé se montrer radical : il s'en est tenu à des moyens termes aussi injustifiables que préjudiciables à la grande masse.

Il a eu tort.

En somme, qui l'a arrêté ?

Est-ce la crainte de paraître chercher à exercer une pression sur le conseil général.

Il a eu tort, car le conseil général est toujours maître de ses délibérations et libre d'approuver ou repousser ce qu'on lui présente.

Est-ce la crainte de paraître obéir un peu trop aux inspirations du député de la Guyane ?

Il a eu tort, car on peut toujours suivre les idées de n'importe qui, pourvu qu'elles soient raisonnables et justes.

Est-ce la crainte de mécontenter toute une catégorie d'intérêts privés, représentés au conseil général, en visant directement et d'une façon énergique l'industrie aurifère ?

Il a eu tort, car si considérables et respectables que soient ces intérêts, ils ne sont rien au regard de l'intérêt public, dont seul, je le répète, le gouvernement de la Guyane a mission de se préoccuper.

Est-ce la crainte de voir disparaître subitement un certain nombre de petits exploiteurs d'or, en présence d'une aggravation des charges de leur industrie ?

Il a eu tort, car la demi-mesure prise a eu, m'assure-t-on, absolument le même résultat, et puis, je le répète, le gouvernement a charge d'intérêts généraux et non d'intérêts particuliers.

Est-ce quelque autre crainte ou motif puissant ?

Peut-être, et sans doute le gouvernement de la Guyane le dira.

En attendant, il nous permettra de tirer de sa manière de faire, de sa timidité, de ce qui doit en résulter, toutes les conséquences qu'indique la logique. Ces conséquences sont que bien décidément les errements de l'ancienne administration guyanaise sont à abandonner ; que bien décidément ils ne sont plus en rapport avec le fonctionnement nécessaire des institutions nouvelles ; que bien décidément à ces institutions il faut des initiateurs nouveaux ; enfin que tout le fonctionnarisme de la Guyane est à changer... du haut en bas.

Donc, plus de gouverneur militaire : un civil, c'est-à-dire un administrateur.

Plus d'agents usés à la vieille routine des temps impériaux, s'en étant fait une seconde nature, incapables, par conséquent, de revêtir le mode démocratique et libéral ; des agents nouveaux, capables de comprendre le progrès et d'en favoriser l'essor sans préjugés ni arrière-pensée.

Que ce soit là, chers concitoyens et amis, notre *delenda Carthago*, à nous. Pour la Guyane comme pour la France elle-même, *il faut aboutir*.

Salut et fraternité.

GUSTAVE FRANCONIE.

20 Janvier 1880.

Paris. — Imprimerie Moderne (Wattier, directeur), rue J.-J.-Rousseau, 61.

www.ingramcontent.com/pod-product-compliance
Lightning Source LLC
Chambersburg PA
CBHW051425060726
47596CB00006B/2366